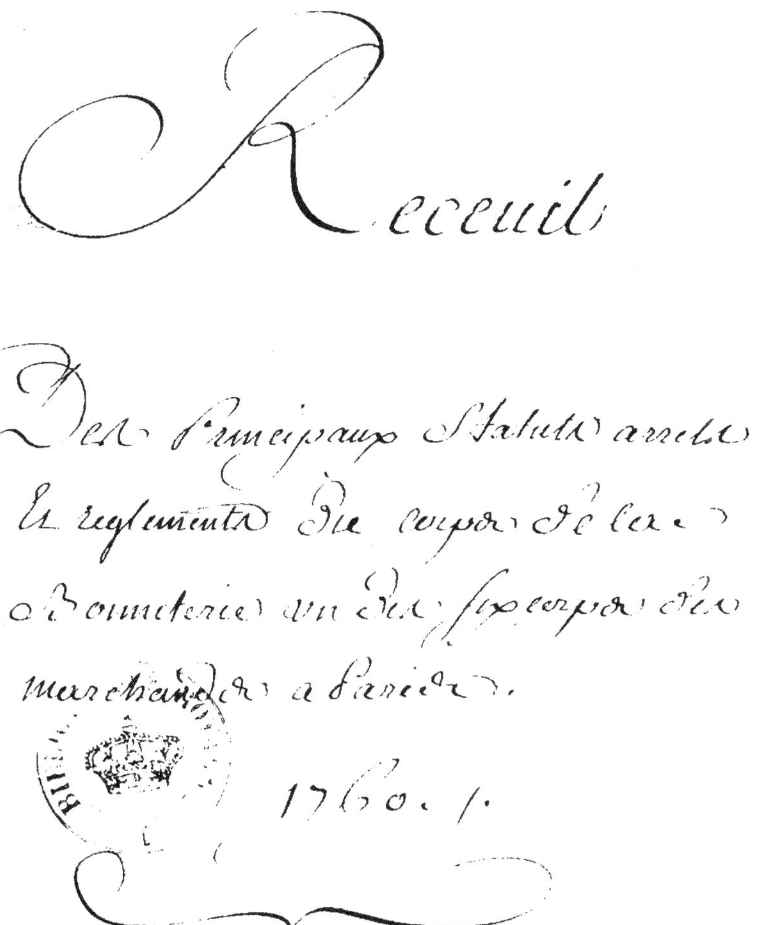

Recueil

Des Principaux Statuts arrets
Et reglements du corps de la
Bonneterie un des six corps des
marchands a Paris.

1760.

Table du contenu en ce Recueil

Arrest du conseil du 20. avril 1700. qui ordonne que les mdises de Bonneterie Etrangeres qui viendront par mer ne pourront entrer dans le royaume que par les Ports de Calais St. Valery &c. - - 37.

autre du 2. 8.bre 1703 qui accorde 6 den. pour Droits de visitte - - - - 39

Declaration du Roy du 16. mars 1706 qui supprime les offices de greffier des Brevets accorde Le 2e Sol d'Entrée Et 3 den. pour droit de visitte - - - - 41

arrest du conseil du 1er aoust 1713. portant levée de 3 s. par semaine sur chaque metier Et ordonne que les mdises venant du dehors seront conduites a la Douane - - - - 43. -

Lettres patentes du 26 avril 1716 portant reunion des Bonneteries au tresor - 47.

arrest du conseil du 12 Juillet 1717 port. reglement pour les ouvrages de Bonneterie au Drapiés au metier - - - - 51.

autres du 16. 8.bre 1717 portant reglement pour les poids Et teinture des ouvrages de Bonneterie de soye au metier - 55. -

Sentence de police du 24 mars 1724.
Port. entre autres choses deffenses de cabaler pour quelque cause que ce soit &c. . . . 87.

arrest du conseil du 23 avril 1724 port. deffense de faire sortir des metiers a faire bas du Royaume, et en ordonne la Declaration au Greffe a chaque mutation . . . . 89.

ord. du 25 may 1725. a ce sujet . 93

arrest du conseil du 24 fevrier 1728 concern. l'entree et la visitte des marchandises de bonneterie 96

arrest du conseil et ord. des 3. decembre 1729. et 18 janvier 1730 au sujet des droits sur les metiers, des declarations, et visittes a ce sujet . . . . 97.

autre du 28 mars 1730. qui deffend le colportage des marchandises de bonneterie &c. . . . . . 101.

autre du 11. 7bre 1731 qui deboutte les fabriquants de leur demande en desunion . . . . . . 108.

Ordonnance de police du 15 mars 1746. qui veut l'execution de l'arrest du conseil du 8. may 1744. . . . . 163.

autre du 30 juillet 1746. qui proroge les delais accordés par celle du mois de mars precedent . . . . 163.

sentence de police du 1er 7bre 1747 qui condamne trois particuliers et la femme Monier aux amendes pour rebellion par eux faitte aux gardes lors de leur visitte . 167.

Instructions pour les commis des barrieres arreste en 1747. Par M. ~~Delaye~~ Delahaye fermier général et les commis . 169.

arrest du conseil du 28 mars 1754 qui permet d'etablir des metiers a faire bas dans tous les lieux du royaume en se conformant aux reglements . . 173.

lettres patentes du 24 decembre 1754 qui sursoit a l'execution du reglement du 16 juillet 1743. et ordonne qu'il sera anciens reglements concernant la fabrique de bonneterie au métier f.° . . . . 175.

arrest du conseil du 8. may 1758. qui fixe l'election des gardes dans les huit premiers jours de decembre pour entrer en exercice au premier janv.r suiv.t . . 177.

ARREST

DE LA COUR DE PARLEMENT,

Du vingtiéme jour d'Aoust 1575.

HENRY par la grace de Dieu, Roi de France & de Pologne : A tous ceux qui ces présentes Lettres verront, Salut ; sçavoir faisons, que comme de deux Sentences données par notre Prevôt de Paris ou son Lieutenant : la premiere du vingt-quatriéme Septembre mil cinq cens soixante-neuf, entre les Maîtres Jurés & Gardes du Métier & Communauté des Maîtres Marchands Bonnetiers, Aulmussiers & Mitonniers en la Ville de Paris, Demandeurs en saisies & arrêts d'une part, & Antoine Billaud, Jean Pillet, Claude Guyard, Pierre de Compans, Philippes Auvray, Pierre Achet, Helie Anssel, Pierre Plantchoux, Oudin Gallopin, Jean Ponthier & Jean Pierson, Marchands Merciers & Bourgeois de Paris, Défendeurs & opposans d'autre ; & encore les Maîtres & Gardes de la Marchandise de Mercerie, Grosserie & Jouallerie d'une part ; & Jean Choppin, Maître Bonnetier audit Paris, Défendeur & opposant, Charles Oudamp, Guillaume Godiert, Gervais Jobert, & Pierre Chaselles, Maîtres Bonnetiers à Paris, & Jurés dudit Métier, joints avec ledit Choppin d'autre : Oui le Subſtitut de notre Procureur General au Châtelet dudit Paris, après que leſdites deux Inſtances auroient été vûes enſemblement, avons dit qu'elles demeureroient jointes, & ſeroient jugées par une même Sentence; & faiſant droit ſur icelles en tant que leſdits Jurés Bonnetiers étoient demandeurs: que défenſes étoient faites auſdits Billaud & conſors, & autres Merciers de ladite Ville de Paris, expoſer en vente & étaller en leurs Ouvroires en détail aucuns bonnets, ſoit de laine ou drap, de quelque choſe que ce ſoit, ne autre choſe des circonſtances & dépendances dudit Etat & Métier de Bonnetiers, ains les vendre ſeulement par ſixains entiers, & en groſſes ſous corde ſur les peines portées par les Ordonnances deſdits Bonnetiers, & néanmoins la marchandiſe ſaiſie à la requête deſdits Jurés Bonnetiers ſur leſdits Billebault & conſors, à eux rendues par proviſion, leur demeureroit purement & ſimplement ſans dépens adjugés, & interêts; & pour le regard de la ſaiſie faite à la requête deſdits Maîtres & Gardes de Mercerie ſur ledit Choppin, déclare ladite ſaiſie tortionnaire & déraiſonnable. Ordonne que les bonnets prins ſur ledit Choppin, lui ſeroient rendus & reſtitués, & condamné leſdits Maîtres & Gardes de la Mercerie ès dépens, dommages & interêts. La deuxiéme du trente-uniéme & dernier Decembre mil cinq cens ſoixante-neuf, entre leſdits Maîtres Jurés Bonnetiers, Demandeurs en deux Inſtances jointes enſemble par notredit Prevôt, d'une part. Jean Antheaume, Claude Guyard, Jean Julliet, Jean Potier,

Philbert Julliet, François Habert, Jean Berson; Helie Conseil, Berthin Bonnet, Antoine de Lorme & Amel Mesneyron, Marchands Merciers en ladite Ville de Paris, Défendeurs en la premiere desdites Instances, Jean Segneville & François Hubert, Marchands Merciers, Défendeurs. En la deuxiéme desdites Instances d'autre, par laquelle notre Prevôt oui aussi le Substitut de notredit Procureur General audit Chastelet, auroit déclaré les saisies & arrêts faits à la requête desdits Jurés Bonnetiers par le Commissaire le Fevre, les Jeudy vingt & Mardy vingt-cinquiéme du mois d'Octobre audit an, bons & valables, & condamne chacun desdits Défendeurs en huit sols parisis d'amende, moitié envers nous, moitié envers lesdits Maîtres Jurés Bonnetiers, en payant lesquels par chacun desdits Merciers, Défendeurs, leurs marchandises saisies leur seroient rendues sans confiscation pour ladite fois; & fait défenses ausdits Merciers ne faire ni exposer en vente à découvert en leurs Ouvroirs par piece & en détail, aucuns bonnets, chemises, chausses, chaussons, mitaines ni autres ouvrages faits à l'aiguille appartenans audit Métier de Bonnetier, ains seulement en vendre par sixaine & sous corde; aussi inhibé & défend d'entreprendre aucune Manufacture sur ledit Métier de Bonnetier, sur les peines contenues en nos Ordonnances & Arrêts sur ce intervenus, & condamne lesdits Merciers ès dépens; eût été de la part d'Antoine Billaud, Jean Julliet & consors, appellé à notre Cour de Parlement, en laquelle partie ouye est en leur cause d'appel, & desdits deux procès par écrit, concluds & reçûs; pour juger ſe bien ou mal, auroit été appellé, joint les griefs hors le procès. Prétendus moyens de nullité, & production nouvelle deſdits appellans, qu'ils pourroient bailler dans le tems de l'Ordonnance, auſquels griefs & prétendus moyens de nullité, leſdits Intimés pourroient répondre, & contre ladite production nouvelle, bailler contredits aux dépens deſdits Appellans: icelui procès vû. Griefs, réponſes à iceux, & productions nouvelles deſdits appellans. Contredits & ſalvations d'icelles. Requêtes deſdits Jurés Bonnetiers, du quatorziéme Août mil cinq cens ſoixante-dix, tendant afin que leſdits procès fuſſent jugés, ſans avoir aucun égard aux pieces qui défailloient, & que leſdits Merciers avoient fait retirer deſdites productions. Requêtes deſdits Maîtres & Gardes de la Marchandiſe de Mercerie, du vingt-cinquiéme Janvier mil cinq cens ſoixante-douze, à ce qu'en jugeant leſdits procès par le même Arrêt, défenſes fuſſent faites auſdits Maîtres Bonnetiers de ſe plus mêler du fait de Mercerie, & acheter, vendre ni étaller chauſſes, chemiſes, camiſolles, bonnets, gands, jartiers, ceintures, & autres ſortes de merceries, ſur peine de confiſcation de ladite marchandiſe, & d'amende arbitraire, à ce qu'auſdits Maîtres Jurés Bonnetiers & nuls autres, par Ordonnance du treiziéme Août. Requête deſd. Maîtres Jurés Bonnetiers du neuviéme Mai mil cinq cens ſoixante-douze, par laquelle leſdits Maîtres Jurés Bonnetiers auroient déclaré qu'ils n'avoient entendu & n'entendoient entreprendre le débit de ceintures & jarretieres &

autres ouvrages de Mercerie ; mais au regard des bonnets, chemiſes, chauſſes & gands de ſoye, que la vente & débit leur en appartenoit, & leur étoit adjugé par leſdites Sentences dont étoit appel, dont auroit été dicerné acte auſdits Bonnetiers, & ordonne icelle être miſe au ſac, pour en jugeant le procès y faire droit, ainſi que de raiſon. Requête des Ouvriers de chemiſes de laine, chauſſons, bas de chauſſes de ſoyes, bas d'eſtame, demeurans au Fauxbourg Saint Marcel lez Paris, & autres lieux, du ſeiziéme Juin mil cinq cens ſoixante-douze, tendant afin qu'il leur fût loiſible de vendre & débiter leurs marchandiſes, & Manufacture à toutes perſonnes, même auſdits Merciers. Requête deſdits Jurés Bonnetiers, du dix-neuviéme Juin mil cinq cens ſoixante-douze, par laquelle ils auroient déclaré qu'ils n'auroient oncques empêché & n'empêchoient que leſdits Ouvriers ne puſſent vendre en leurs maiſons leurſdites marchandiſes à qui bon leur ſembleroit. Arrêt du dix-ſeptiéme jour de Mars mil cinq cens ſoixante-treize, par lequel auroit été dit avant de proceder au jugement diffinitif deſdits procès, qu'il ſeroit informé d'office ſur de certains faits qui ſeroient extraits deſdits procès, & ſur iceux oui douze nobles Bourgeois de ladite Ville de Paris, non ſuſpects ni favorables aux parties, & n'ayant aucun interêt, pour ce fait, & rapporté pardevers notredite Cour, & communiqué à notredit Procureur General, ordonner ce que de raiſon. Enquête faite ſuivant ledit Arrêt rendu pour juger, le vingt-uniéme jour de Juin dernier, & les parties appointées à ouir droit à huitaine ; ladite enquête faite d'office. Conclusions de notredit Procureur General, & tout diligemment examiné. NOTREDITE COUR, par son Jugement & Arrêt, a mis & met lesdites appellations & Sentences, desquelles a été appellé au néant, sans amende & dépens desdites causes d'appel : en émendant icelles, a permis & permet ausdits Maîtres Bonnetiers faire des bonnets, camisolles, chausses, chaussons, gands, mitaines, & tous autres ouvrages de bonneteries : interdit & défendu ausdits Maîtres Merciers la manufacture de tous les susdits ouvrages, soit qu'ils soient faits de laine, estain, cotton ou soye : a aussi permis & permet ausdits Bonnetiers pouvoir étaller, vendre & débiter, tant en gros qu'en détail, & piece à piece, lesdits bonnets, camisolles, chausses & chaussons, gands & mitaines, & les autres ouvrages de bonneterie faits en la Ville de Paris, Fauxbourgs & Banlieue d'icelle, tant de laine que de cotton, estame & soye, & autres especes, & d'icelles inhibé & défendu ausdits Merciers l'étallage & débit piece à piece; & permet ausdits Merciers seulement vendre lesdits ouvrages en gros, sixains & sous corde ; & au regard desdits ouvrages de bonneterie faits de laine, cotton & estame apporté de dehors en ladite Ville de Paris, en a aussi permis l'étallage & débit en gros, & piece à piece ausdits Bonnetiers, & icelui permis ausdits Merciers en gros, sixaines & sous corde seulement ; & quant aux ouvrages de bonneteries de soye apporté de dehors, en a permis & permet l'étallage & débit tant en gros qu'en détail, & piece à piece, tant aufdits Bonnetiers que Jurés Merciers. A auffi notredite Cour inhibé & défendu aufdits Merciers bailler la moitié ou autres efpeces aux Ouvriers, pour faire aucuns ouvrages de bonneterie pour eux. Pourront néanmoins vendre leurs laines, foyes & autres marchandifes aufdits Ouvriers; & pour l'entretenement du Reglement fufdit, notredite Cour a permis & permet aufdits Maîtres Jurés Bonnetiers vifiter lefdits ouvrages de bonneterie faits en ladite Ville & Fauxbourgs de Paris, feulement étant ès maifons defdits Merciers, appellés avec eux deux des Jurés Merciers, ou à leur refus un Commiffaire du Châtelet de Paris; en ce toutefois non compris les Merciers de notre Palais audit Paris, lefquels notredite Cour n'a entendu & n'entend comprendre au Reglement fufdit; & faifant droit fur ladite Requête du douziéme Janvier mil cinq cens foixante-douze, a inhibé & défendu aufdits Marchands Bonnetiers de vendre ceintures & jartiers, & autres ouvrages de mercerie non appartenans au fait de bonneterie; & en tant que touche ladite Requête du feiziéme Juin mil cinq cens foixante-douze, notredite Cour a permis & permet aufdits Ouvriers de Bonneterie demeurans au Fauxbourg S. Marcel & autres lieux de ladite Ville de Paris & Fauxbourgs d'icelle, vendre & débiter leurs marchandifes à qui bon leur femblera, même aufdits Merciers; & fi a notredite Cour ordonné & ordonne que les marchandifes refpectivement faifies feront rendues fans dépens, dommages & interêts; & pour ce regard, a néanmoins condamné & condamne lefdits Merciers en la moitié des dépens de la Caufe principale, la taxation d'iceux pardevers Elle fe réfervée. En témoin de ce Nous avons fait mettre notre Scel à ces Préfentes. Donné à Paris en notre Parlement le vingt-cinquiéme jour d'Août, l'an de grace mil cinq cens foixante-quinze, & de notre Regne le deuxiéme. Par Jugement de la Cour. *Signé* DU TILLET, avec paraphe, & fcellé du Grand Sceau de cire jaune.

De l'Imprimerie DE KNAPEN, au bas du Pont S. Michel 1754.

www.ingramcontent.com/pod-product-compliance
Lightning Source LLC
LaVergne TN
LVHW052022160826
845678LV00003B/1176

9782329638430